Dans «Vrai ou faux?», il
page: cinq phrases vraie
Trouve la phrase fausse!

Réponses page 16.

Les numéros

1 Il y a huit stylos.

2 Il y a trois petits cochons.

3 six × trois = dix-huit

4 Il y a trois jumeaux.

5 Il y a sept nains.

6 Il y a cinq étoiles.

---

vrai	true
faux	false
petits cochons	little pigs
jumeaux	twins
nains	dwarfs
étoiles	stars

un 1

Les animaux

1 Le cheval est végétarien.

2 Le tigre nage très bien.

3 L'éléphant est petit.

4 Les hippopotames adorent
le baby-sitting.

5 Le dauphin est
très intelligent.

6 Le lion habite
dans la jungle.

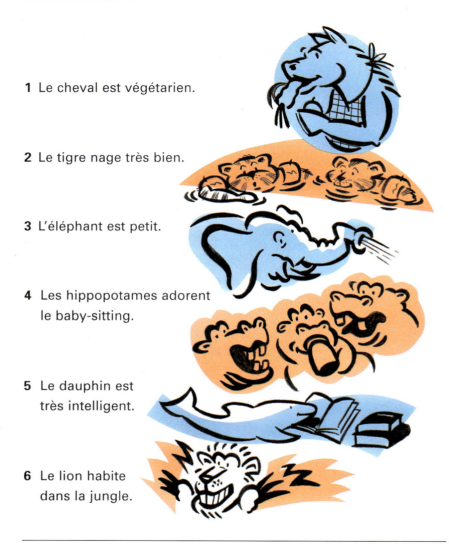

nage   swims
le dauphin   dolphin

7 Le panda est très rare.

8 Le singe mange des fruits,
des insectes et des crabes.

9 L'ours blanc habite
dans le désert.

10 Le lion mange sept kilos
de nourriture par jour.

11 Le jaguar aime le poisson.

12 Le guépard va
à 100 km à l'heure.

le singe	monkey
l'ours blanc	polar bear
nourriture	food
par jour	a day
le guépard	cheetah
à l'heure	per hour

La nourriture

1 La bouillabaisse est
une soupe aux poissons.

2 L'omelette est un poisson.

3 Le camembert, le brie
et l'emmenthal sont des fromages.

4 En Belgique, on mange les frites
avec de la mayonnaise.

5 On mange des hamburgers
dans les fast-foods.

6 Dans un croque-monsieur,
il y a du fromage et du jambon.

---

une soupe aux poissons	fish soup
des fromages	cheeses
on mange	they eat
les fast-foods	fast-food restaurants
les frites	chips
du jambon	ham

7 Le flan et l'éclair sont des gâteaux.

8 La paella est une spécialité espagnole.

9 La crêpe est une spécialité française.

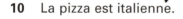

10 La pizza est italienne.

11 Le vin est rouge, blanc ou rosé.

12 Le jus d'orange est bleu.

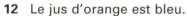

---

des gâteaux	cakes
espagnole	Spanish
la crêpe	(thin) pancake

Les pays

1 La Tour Eiffel est en France.

2 On voit les Alpes en France, en Italie,
   en Suisse et en Autriche.

3 La capitale de l'Irlande, c'est Dublin.

4 Le Sahara est un désert,
   en Afrique.

5 Hollywood est en Ecosse.

HOLLYWOOD

6 La Tour de Pise est
   en Italie.

---

la tour   tower
on voit   you can see
Ecosse   Scotland

7 Calais est aux Etats-Unis.

8 Les pyramides sont en Egypte.

9 Les chutes du Niagara sont au Canada.

10 La capitale de l'Angleterre, c'est Londres.

11 En Grèce, il fait chaud.

12 Il y a beaucoup de tulipes aux Pays-Bas.

aux Etats-Unis	in the United States
les chutes du Niagara	Niagara Falls
l'Angleterre	England
il fait chaud	the weather is warm
beaucoup de	many
aux Pays-Bas	in the Netherlands

Les couleurs

1 Le drapeau français
est bleu, blanc, rouge.

2 En France, les boîtes à lettres
sont bleues.

3 Rouge + jaune = orange.

4 En France, les gendarmes
portent un uniforme bleu.

5 La couleur du danger,
c'est le rouge.

6 Noir + blanc = gris.

le drapeau	flag
les boîtes à lettres	post boxes
les gendarmes	the police
portent	wear

7 Les tomates sont rouges.

8 L'eau minérale est noire.

9 Il y a des pandas rouges
en Chine.

10 Les plantes sont vertes.

11 A New York, les taxis
sont jaunes.

12 Le drapeau canadien
est rouge et blanc.

l'eau minérale	mineral water
il y a	there are
en Chine	in China

Les fêtes

1 Le 14 février, c'est la Saint-Valentin.

2 C'est le premier avril en France.

3 Le jour de Noël, c'est le 24 décembre.

4 En France, le premier mai, on donne des fleurs.

5 Diwali est en octobre ou en novembre.

6 C'est Pâques.

les fêtes	festivals
le premier	the first
Noël	Christmas
on donne des fleurs	we give flowers
Pâques	Easter

7 Le 14 juillet, c'est la fête nationale en France.

8 Le 5 novembre, c'est la fête de Guy Fawkes en Grande-Bretagne.

9 Le Ramadan dure un mois.

10 Le premier janvier, c'est le jour de l'An.

11 Le Nouvel An juif (Rosh Haschana) est en septembre ou octobre.

12 Le 31 août, aux Etats-Unis, on fête Halloween.

la fête nationale	national holiday
dure	lasts
le jour de l'An	New Year's Day
le Nouvel An	New Year
juif	Jewish

Les animaux familiers

1 C'est un dalmatien.

2 C'est un chat de l'île de Man.

3 Le lapin adore les carottes.

4 Le poisson rouge adore l'eau.

5 Le chat déteste l'eau.

6 Le perroquet parle beaucoup.

de l'île de Man   Manx

7 Le canari chante bien.

8 Le cheval aime les pommes.

9 Le hamster adore la gymnastique.

10 La tortue va à 50km à l'heure.

11 La souris déteste les chats.

12 Le cochon d'Inde n'est pas sportif.

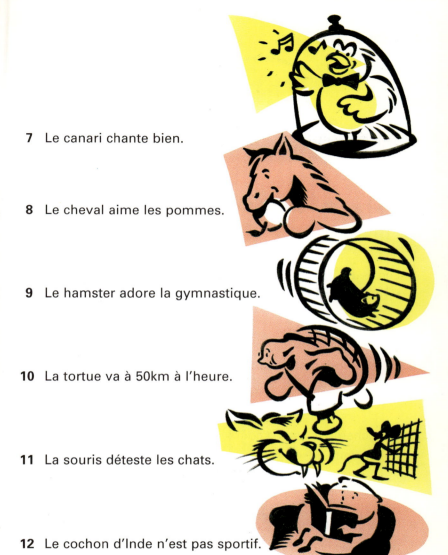

chante bien	sings well
50km à l'heure	50 kilometres an hour
le cochon d'Inde	guinea pig
sportif	athletic

Le sport

1 Ils font du surf.

2 Le ballon de rugby est rond.

3 Les Jeux Olympiques ont lieu
   tous les quatre ans.

4 Wimbledon, c'est le tennis.

5 Longchamp, c'est les courses
   de chevaux.

6 Le Tour de France,
   c'est le cyclisme.

rond	round
ont lieu	take place
tous les quatre ans	every four years
les courses de chevaux	horse races

7 La balle de cricket
est ovale.

8 La Coupe du Monde,
c'est le football.

9 Ils jouent
au football américain.

10 Ils jouent au golf.

11 Chicago Bulls,
c'est une équipe de basket.

12 Le Mans,
c'est les courses automobiles.

la Coupe du Monde	World Cup
une équipe	a team
les courses automobiles	motor car racing

Réponses

Les numéros
Page 1
1 vrai; 2 vrai; 3 vrai; 4. FAUX (il y a quatre jumeaux); 5 vrai; 6 vrai.

Les animaux
Page 2
1 vrai; 2 vrai; 3 FAUX (il est grand); 4 vrai (les grands hippopotames gardent les petits quand la mère est absente); 5 vrai; 6 vrai.
Page 3
7 vrai; 8 vrai; 9 FAUX (il habite au pôle nord) ; 10 vrai; 11 vrai; 12 vrai.

La nourriture
Page 4
1 vrai; 2 FAUX (l'omelette n'est pas un poisson!); 3 vrai; 4 vrai; 5 vrai; 6 vrai.
Page 5
7 vrai; 8 vrai; 9 vrai; 10 vrai; 11 vrai; 12 FAUX (le jus d'orange est orange).

Les pays
Page 6
1 vrai; 2 vrai; 3 vrai; 4 vrai; 5 FAUX (c'est aux Etats-Unis); 6 vrai.
Page 7
7 FAUX (c'est en France); 8 vrai; 9 vrai; 10 vrai; 11 vrai; 12 vrai.

Les couleurs
Page 8
1 vrai; 2 FAUX (elles sont jaunes); 3 vrai; 4 vrai; 5 vrai; 6 vrai.
Page 9
7 vrai; 8 FAUX (l'eau minérale est transparente); 9 vrai; 10 vrai; 11 vrai; 12 vrai.

Les fêtes
Page 10
1 vrai; 2 vrai; 3 FAUX (c'est le 25 décembre); 4 vrai; 5 vrai; 6 vrai.
Page 11
7 vrai; 8 vrai; 9 vrai;10 vrai;11 vrai; 12 FAUX (c'est le 31 octobre).

Les animaux familiers
Page 12
1 vrai; 2 FAUX (les chats de l'île de Man n'ont pas de queue); 3 vrai 4 vrai; 5 vrai; 6 vrai.
Page 13
7 vrai; 8 vrai; 9 vrai; 10 FAUX (elle va très lentement); 11 vrai; 12 vrai.

Le sport
Page 14
1 vrai; 2 FAUX (il est ovale); 3 vrai; 4 vrai; 5 vrai; 6 vrai.
Page 15
7 FAUX (elle est ronde); 8 vrai; 9 vrai; 10 vrai; 11 vrai; 12 vrai.